AF226999

MONARCHIE
ET CÉSARISME

ou

L'ÈRE DES PISISTRATIDES

PARIS

E. DE SOYE ET Ce, IMPRIMEURS

rue de Seine, 36

MONARCHIE

ET

CÉSARISME

OU

L'ÈRE DES PISISTRATIDES

PAR M. FRANTIN

Plenus sum sermonibus et coarctat me spiritus uteri mei. Loquar, et respirabo paululum.

JOB, XXXII, 18, 20.

PARIS

CH. DOUNIOL, ÉDITEUR

AU BUREAU DU CORRESPONDANT

RUE DE TOURNON, 29.

1851

MONARCHIE

ET CÉSARISME

ou

L'ÈRE DES PISISTRATIDES [1]

I

QU'EST-CE QUE LE CÉSARISME?

Dans notre ère de scepticisme religieux, moral et politique, l'on s'agite pour trouver une base au gouvernement de la France. Depuis plus d'un demi-siècle, cette base a été renversée, le droit public de la France aboli. La fatigue que nous éprouvons, cette stérile

[1] Cet écrit est la réfutation ébauchée du système historique de M. Romieu; je dirai même de toute l'école fataliste. Je sais que le temps a marché et que le pur césarisme a aujourd'hui peu de partisans en France; mais le fatalisme politique n'est pas éteint. Un simple parallèle de l'âge romain et de l'époque moderne, que l'on a faussement assimilés, bat en ruine ce système non moins immoral que paradoxal, dont l'essai en action serait la mort des sociétés chrétiennes. Le temps presse. Ce parallèle, dont nous n'offrons ici qu'un spécimen, fournirait la matière d'un livre. Nous le réservons à de plus habiles.

et importune agitation, n'est autre chose que le déplacement d'un corps politique qui a perdu son assiette. Il se tourmentera en vain jusqu'à ce qu'il l'ait retrouvée, jusqu'à ce qu'il soit rendu à la situation qui lui est naturelle et dont il a été violemment arraché.

Nous avons épuisé tous les régimes. Nous avons ruiné la monarchie civile ; détruit les restes de l'aristocratie française, que cette monarchie avait déjà à peu près absorbés ; tenté toutes les formes de la démocratie, soit unitaire, soit divisée en chambres, en tribunat et en sénat ; essayé d'une monarchie parlementaire, où nous avons fait fonctionner, dans une chimérique pondération, divers éléments du corps social créés à la hâte, distingués par le cens, par l'âge, par l'illustration personnelle, dans lesquels n'existait aucune force réelle de transmission.

Quand tout ce qui est d'institution arbitraire, de privilége ou d'usurpation, succombe successivement, la nation française se trouve seule en face de son génie. Tout ce que les hommes prétendent y substituer est faux, s'embarrasse soi-même, n'est qu'une entrave, et non plus un moyen d'action. Ce génie, quel est-il ? Il survit aux révolutions. En lui respire encore la constitution française ; elle y est du moins renfermée comme la statue dans le bloc, et hors de lui il n'existe plus rien.

Après tant d'essais, tous infructueux, le CÉSARISME se présente ; le césarisme, que l'on nous dépeint comme le terme des États qui ont usé leurs éléments de durée, leurs puissances vitales, et à qui il ne reste plus que la force muette, aveugle, de l'autorité militaire se substituant à elle-même au gré du caprice, de l'audace, de l'habileté, de la fortune ; enfin, le hobbisme politique, auquel les peuples doivent désormais s'abandonner comme à leur suprême ressource.

Mais ce prétendu remède, ce dernier terme des États agonisants, n'est-ce pas la ressource du désespoir ?

N'est-ce pas un cri de détresse plus qu'une délibération de la pensée ?

Qu'est-ce que le césarisme, en effet, sous les ailes duquel nous devons nous réfugier ? Qu'est-ce que cet unique asile que l'on nous offre, où nous puissions trouver encore sûreté, paix, salut, respirer enfin, et reposer nos corps, épuisés de lassitude ?

II

Le césarisme romain s'était formé par la réunion de toutes les dignités de la république. César Auguste, pour se distinguer des simples citoyens, s'était contenté du titre modeste de PRINCE, qui avait appartenu au chef du sénat et qui ne rappelait aucune idée d'autorité suprême. Mais pour ordonner le PRINCIPAT, il avait rassemblé en sa personne les premiers offices de l'État : le commandement militaire, sous le titre d'*imperator,* que les armées de la république déféraient à leur général après une victoire, titre dont l'orateur Cicéron avait été lui-même décoré ; le pouvoir tribunitien, qui rendait sa personne sacrée ; la dignité censoriale ; le souverain pontificat. Le consulat seul fut laissé en commun. Bien qu'Auguste l'exerçât le plus souvent, il permit aux citoyens d'y aspirer sous sa recommandation. Accumuler les dignités de la république en une seule main qui disposait des bienfaits du peuple romain, c'était se faire réellement le plus absolu des monarques, dépositaire unique des magistratures, de l'autorité des lois et de la religion. En un mot, le principat, tel que l'avait institué Auguste, n'était, sous un autre nom, que la dictature républicaine.

La république subsistait dans sa forme. Le droit public de l'empire était respecté en apparence. Le nom de roi était encore également odieux à cette république fictive. Le gouvernement romain, en se centralisant, avait conservé ses antiques bases et l'autorité apparente de son sénat.

Bientôt Tibère, en abolissant les comices et les transférant du peuple au sénat dont il dictait la voix, acheva l'édifice impérial de ce gouvernement.

La majesté du peuple romain n'était point diminuée ni altérée à ses propres yeux. La vanité du peuple-roi se payait de ces vaines représentations. La république semblait vivre encore. C'est ainsi seulement que l'on eût pu constituer le principat, mode de gouvernement auquel nul autre ne peut être comparé, non plus dans les monarchies régulières de l'Occident que dans le despotisme oriental.

Il n'y avait point eu de monarchie dans Rome conquérante. La monarchie n'avait donc pu y dégénérer ni se corrompre. Le césarisme ne pouvait donc être que le droit public de l'empire envahi par le chef de la faction populaire, la république faite homme.

III

IMAGE DE LA MONARCHIE.

De tout temps, en France, le gouvernement a été monarchique. Or, qu'est-ce que la monarchie ? — Un gouvernement civil fondé sur les lois, transmissible suivant une certaine forme réglée par le droit national, que le souverain même ne peut changer, puisqu'elle est le titre en vertu duquel il règne ; un gouvernement qui se présente aux peuples comme tutélaire et sacré, parce qu'il prend sa source dans les racines même et dans les origines de la nation ; un gouvernement qui est sa foi politique, sa manifestation ; c'est la nation symbolisée et représentée en une race qui maintient la puissance publique dans les limites que le droit, les mœurs et les usages immémoriaux ont consacrées.

Cependant la monarchie peut dégénérer en despotisme. Le pouvoir, comme l'a dit Bossuet, tend de lui-même à s'accroître, bien que sa base repose toujours dans le droit public national. Mais lors même qu'il les a dépassées, ces limites, il ne dénie point l'origine de ce droit sacré ; car la monarchie est née de ces lois, qui font le titre originel du souverain. Il ne peut donc les transgresser au delà d'une certaine mesure. Les mœurs alors le tempèrent, le forcent de s'arrêter, quelquefois de rétrograder.

IV

En est-il de même du césarisme, fondé sur la force, et qui, concentrant tous les pouvoirs légaux, ne trouve de bornes ni dans lui-même, ni dans les mœurs, ni dans les lois ?

Le césarisme ne peut trouver de bornes en lui-même, puisqu'il est né de la force des armes, qui domine tout.

Ni dans les lois, puisqu'il s'est élevé sur leur violation, à l'exemple et suivant la maxime favorite du premier César : *Si violandum est jus, regnandi causa violandum est; in cæteris justitiam colas.*

Ni dans les mœurs, puisque la force les a surmontées et les a ployées au régime militaire.

Le césarisme a pu naître une fois dans une république où la dictature avait frayé la voie à cette centralisation. Mais pour se fonder, le césarisme ne puisera point d'antécédent dans une monarchie civile.

Sur quoi s'appuyer, en France, pour fonder le césarisme ?

Sur le commandement des armées ?

— Mais ce n'est qu'une autorité viagère et qui ne peut se transmettre.

Trouvera-t-on une suite de généraux propres au despotisme ?

Pour créer le césarisme dans une monarchie, il ne suffirait point d'un César : il faudrait une succession de Césars.

Et à cette condition encore, le césarisme finirait par un avortement.

La guerre, la victoire n'est pas un état normal en France comme dans l'empire romain.

Le césarisme n'a donc point de racines en France.

V

La guerre était dans l'organisation même de la république romaine; c'était une société inaugurée par la rapine.

Il n'est besoin ici de rappeler l'origine de Rome, ni son asile de proscrits, ni ses brigandages sur les voisins, par qui elle préludait à la conquête du monde. Mais qui ne sait que la guerre fut l'état perpétuel de Rome ? que le temple de Janus, dans une période de huit siècles, ne fut fermé que deux fois, la dernière sous Auguste ? que le sénat, pour détourner des discordes civiles un peuple turbulent et amoureux de sa liberté, pour maintenir le régime aristocratique et les prérogatives du patriciat, faisait naître sans cesse de nouvelles causes de guerre ?

Car le patriciat, à la fois sacerdotal et guerrier, maître des formules du droit, dépositaire et interprète des auspices sur lesquels était fondé le gouvernement, ne pouvait garder en réserve ces secrets d'État qui faisaient de lui une race sacrée qu'en occupant sans cesse le peuple romain à de nouvelles entreprises. La guerre était donc normale ; c'était l'état constitutif de Rome ; c'était la gloire du patriciat, qui, seul investi des infules et du laticlave, consultait les augures, commandait les armées, déposait dans ses foyers des honneurs triomphaux, des images ornées de ces insignes du sacerdoce et du consulat. La guerre était non-seulement le fondement de la domination de Rome au dehors, mais du pouvoir aristocratique comme de la sécurité du patriciat au dedans. Car si une fois ces arcanes de l'État, c'est-à-dire les formules du droit et les initiations augurales, eussent été dévoilés pour devenir une science commune entre les deux ordres, que devenait le patriciat ? Sa constitution était renversée par le partage des choses saintes, qui consacrait le pouvoir public entre ses mains. Partant, la constitution même de la république fléchissait. A cela, quel remède ? La guerre. Et cet état violent, se perpétuant de triomphe en triomphe, a été le véhicule puissant qui emporta Rome, à son insu et par la force des choses, à la conquête du monde. Rome était donc conquérante par son essence. Sans la conquête, elle se fût abîmée sur elle-même. Il lui fallait conquérir pour ne point périr, comme à d'autres pour s'agrandir. Aussi la république a-t-elle péri dès qu'elle eut achevé la conquête du monde.

VI

Tel n'a jamais été l'état de la France. Une royauté héréditaire par ordre de primogéniture, tempérée par des corps judiciaires et administratifs ; des droits municipaux exercés par les officiers élus des villes ; différents ordres dans l'État qui balançaient le pouvoir et la liberté. Machine compliquée dont les rouages formés par le temps, ralentis, quelquefois entravés par les vestiges d'une ancienne aristocratie et des franchises provinciales, n'avaient peut-être point la flexibilité nécessaire à la marche simple, au jeu facile et souple d'un gouvernement parfait et bien assis, mais dont la complication même faisait obstacle aux progrès du despotisme royal, rendait la milice essentiellement obéissante, s'opposait à ce qu'un chef de guerre acquît jamais une puissance supérieure aux lois, et réalisait incessamment l'axiome : *Cedant arma togæ.*

La royauté était sacrée. Peut-être un respect superstitieux s'attachait-il à ce nom ; mais ce que l'opinion voyait en elle de quasi-divin était étranger à l'image de la force : c'était quelque chose d'intime, de surnaturel, comme le génie même et le symbole de la France. Désarmée, elle eût imprimé le sceau de sa puissance mystérieuse. Si quelques-uns en ont cherché la source dans une interprétation abusive des textes saints, dans une fausse comparaison avec la royauté du peuple de Dieu (sacerdoce consacré par un vrai sacrement dont l'onction de nos rois n'était qu'un simulacre), n'en soyons pas surpris. Ce que l'opinion populaire y ajoutait de presque divin, c'était l'effet d'un long respect, d'une perpétuelle transmission puisée dans les entrailles de la nation. Quoi qu'il en soit, il nous faut reconnaître qu'une telle institution royale, que cette foi monarchique était tout ce qu'il y a de plus contraire à la force aveugle des armes ; que cette obéissance volontaire, et, si l'on veut, imprégnée de superstition, n'avait rien de commun avec le sentiment de la crainte, sentiment bas et fugitif qui ne pénètre point le fond des cœurs, qui cesse avec la contrainte. Car tel est l'effet de la force substituée à la foi. Le lien est brisé dès que le peuple a cessé de craindre : l'outrage et le mépris succèdent à la peur.

VII

Mais, dira-t-on, le régime féodal, sur la ruine duquel la monarchie s'est imposée, n'était-il pas une représentation de la force ? Et la monarchie n'a-t-elle pas été l'héritière de la féodalité ? Si toutes choses dépendent de leur principe, la monarchie n'est-elle pas elle-même imprégnée de cette force militaire qui n'est encore que le césarisme, c'est-à-dire le droit des armes dominant sur le débris de toute autre espèce de droit ? En un mot, le régime féodal était-il

autre chose qu'une tyrannie militaire dans laquelle le droit civil s'é-
tait absorbé?

L'on se tromperait en croyant que la féodalité avait envahi tous
les droits. Le chef féodal avait ses droits ; la commune les siens. Il
y avait des contrats réciproques ; et s'ils n'étaient pas toujours res-
pectés, du moins le droit protestait incessamment.

Qu'était la féodalité dans son essence? La souveraineté démem-
brée. Dans la dissolution de l'empire de Charlemagne, la souveraineté s'était, pour ainsi dire, brisée en faisceaux. Les seigneurs qui
se l'étaient partagée s'élevaient, au moyen de l'hommage, de fief en
fief, de devoirs en devoirs, jusqu'au seigneur dominant qui était le
roi. Celui-ci tenait le premier anneau de cette chaîne qui remontait
à lui et descendait de lui jusqu'au dernier vassal. La fidélité était le
lien de ce système ; la foi faussée ou la rupture de l'hommage était
une félonie qui entraînait la perte du fief, c'est-à-dire de ce démem-
brement de la souveraineté dans la main du vassal. Quelque oppressive, quelque anarchique qu'ait pu être la féodalité, il faut confesser
pourtant qu'un système né de la foi germanique, basé sur la féauté
personnelle que le vassal devait au suzerain, n'avait rien de commun avec cet état de la force brutale qui seule a fondé le césarisme
par l'extinction des droits civils.

Aussi le système féodal successivement miné par le progrès de la
monarchie appuyée de ses justices, fortifiée des libertés communales
qui échappaient chaque jour à la tutelle du fief pour se ranger sous la
bannière protectrice du suzerain, le système féodal fit place à la véritable royauté ; mais le lien de foi et hommage survécut et fonda la fidélité du sujet, comme auparavant celle du vassal. Le plan général se
régularisa ; les lois furent insensiblement soustraites à l'arbitraire ; la
force militaire fut de plus en plus dépendante du gouvernement civil ; les franchises municipales se firent jour et se confédérèrent ; les
coutumes provinciales se coordonnèrent pour acquérir force de loi ;
les États-Généraux de la nation furent convoqués dans les embarras
de la monarchie ; et tout cet état public, qui devint le droit de la
France, resta incontesté, hors de l'atteinte de l'autorité royale. Celle-
ci n'apparut que pour rédiger la loi nationale et provinciale, qui vi-
vait dans les usages de chaque province comme dans le droit public
de la France.

Cette monarchie, où la loi régnait, était sans doute à la fois militaire et civile. Fondée par le peuple franc qui avait paru tout armé dans les Gaules, elle n'avait point perdu entièrement le caractère de son origine.

Mais quel était le rôle de la milice dans cette monarchie?

Son organisation a été plus variable, ses révolutions plus fréquentes que celles même de la monarchie. Les premières milices des Francs étaient la Landwehr des Germains, dont elles portent encore le nom dans les capitulaires carlovingiens. Puis les armées féodales, comprenant à la fois la gendarmerie des chevaliers sous leurs bannières et l'infanterie des communes. Charles VII, dans les longues guerres de la rivalité anglaise, institue des compagnies soldées. Supprimées ou négligées par Louis XI, dont le gouvernement ombrageux se fiait peu à la nation, les compagnies de Charles VII, victorieuses de l'Anglais, sont remplacées par des bandes helvétiques, qui, avec la gendarmerie française, forment seules à peu près le nerf de nos armées. Louis XIV doit être considéré comme le véritable ordonnateur de l'infanterie française. Avec la Révolution viennent les légions de volontaires qui ont vaincu l'Europe. Enfin la conscription militaire constitue le dernier état de la milice française. On ferait un traité complet de ces diverses transformations de notre milice. Le temps nous manquerait ici non moins que l'érudition. Mais pour qui connaît, même légèrement, l'histoire nationale, il est évident que la paix et les institutions de la paix sont l'état normal de la France; que la guerre, quel que soit le génie belliqueux de la nation, n'y a jamais été envisagée que comme un accident nécessité par la défense du territoire, le plus souvent pour résister à des coalitions dont toujours la France a triomphé, malgré bien des revers, à force de patience et d'héroïsme; sans que jamais, si l'on excepte du moins les temps de la Ligue, un chef d'armée, sorti des rangs de la milice ou des offices de la couronne, ait aspiré au pouvoir suprême, ait conçu même la pensée de supplanter les héritiers naturels du sceptre, les chefs héréditaires de la nation. Tant il est vrai que la nation s'était manifestée et transfigurée dans ses rois légitimes, en qui se résumait la puissance sociale !

A cette vérité démontrée, il serait superflu d'opposer la fortune des Carlovingiens, d'abord simples officiers de la couronne. Cette illustre maison s'était formée par une longue succession de grands hommes qui possédaient l'effectif du pouvoir, dont l'office d'ailleurs, reconnu héréditaire, prenait sa source dans les profondeurs d'un droit plus germanique que français, et qui n'est plus applicable à l'état présent. Race à part, qui justifia son élévation par le salut de l'État, par l'onction sacrée appliquée pour la première fois des mains de l'Église, par la faveur du Saint-Siége.

VIII

Oui, la paix est l'État normal de la France, et qui pourrait en douter aujourd'hui que les inventions de l'industrie propagent partout les arts pacifiques, lorsque les admirables entreprises qui en sont le fruit exigent pour ainsi dire l'emphythéose des temps? Le sol se couvre de locomotives que la paix seule peut mettre en mouvement. Une navigation, formée pour la paix, va se substituer à ces grandes machines ailées qui ont jadis soumis les peuples par leur simple appareil. La vapeur, née principalement du génie inventif de notre nation, a produit des effets qui changent le système de l'industrie, et créé un état inconnu de transition européenne. Oui, quand le génie français jeta sur nos fleuves le premier essai de ces bâtiments à nageoires et à foyer que l'Amérique a appliqués en grand sur ses lacs, et communiqués ensuite au monde civilisé, on put dire que la pacification des peuples fut proclamée; et si le siècle n'en a pas ressenti d'abord toute l'influence, les grands intérêts qui en sont nés attestent partout ce premier besoin des nations; car l'état de guerre détruirait en un instant ces beaux résultats que le labeur d'un siècle a préparés.

Ils sont donc bien coupables, ces hommes qui, aujourd'hui, rallument les brandons de la discorde et de la guerre civile. Lorsque, dans les légers intervalles de repos qu'ils nous laissent, on voit de toutes parts les travaux se reprendre, les arts relever leurs ateliers, les instruments de paix en action, ne peut-on pas dire que le génie des peuples, tourné tout entier vers la paix, est déconcerté et troublé par un esprit étrange et malfaisant qui conspire seul contre la tendance universelle?

En un mot, la guerre existait dans l'organisation même de la république romaine. La paix, état normal de la monarchie française, est plus que jamais dans les nécessités de la nation. A cet égard, le césarisme ne peut naître parmi nous. Le césarisme serait lui-même un de ces génies malfaisants qui s'opposent au vœu des peuples, qui sont en discord avec l'état présent de la société.

IX

Parmi la ruine de nos institutions, le Christianisme est encore parmi nous ce qu'il y a de plus vivace. Le Christianisme marque de son sceau les plus importantes phases de la vie humaine, même parmi ceux qui ont rejeté ses croyances. Le plus incroyant, pourvu qu'il soit encore accessible au respect de la société et de la dignité humaine, rougirait de ne point le faire assister à la naissance de l'enfant, à l'alliance des époux, aux funérailles. Le Christianisme visite l'homme à son berceau, il bénit son union conjugale, il reçoit ses restes inanimés. Ces sacrés usages sont tellement enracinés qu'ils sont devenus, même humainement, indestructibles. Ils ne peuvent plus se séparer des grands actes de la vie sociale.

Le Christianisme, qui a fondé ou épuré la société civile, est encore le seul levain qui peut la renouveler.

Or, ne craignons pas de le dire, avec le Christianisme, le despotisme militaire ou le césarisme n'a plus lieu, n'a plus d'accès, n'a plus rien à prétendre.

Ici nous rentrons dans le parallèle de la société antique et de la société moderne.

Chez les Romains, le souverain pontificat était réuni au césarisme. Il en était inséparable, à tel point que les premiers empereurs chrétiens n'osèrent eux-mêmes rejeter ce titre issu et empreint du paganisme. Il semblait que les Romains, par cette association, eussent voulu mettre le pouvoir arbitraire des armes sous la protection des choses saintes. Et, en effet, le césarisme par lui-même n'est-il pas l'abus de la force? Pour le rendre respectable aux hommes, pour lui donner un autre instrument de règne que la contrainte, ne fallait-il pas y faire intervenir la religion? Mais la religion ne pouvait le consacrer qu'en s'identifiant avec lui. Autrement, elle l'eût dominé, et le prestige de la force se fût évanoui devant la majesté du sacerdoce. Là liberté politique, l'autorité sénatoriale eût revendiqué ses titres, le césarisme se fût dissous, si le pontificat en avait été distrait.

La république elle-même l'avait bien senti. En plaçant le pontificat, les augures et les formules sacrées dans le corps du patriciat, elle communiquait à celui-ci un pouvoir inviolable. La possession des arcanes de la religion et de la jursiprudence se confondait. Ce pouvoir ne fut ébranlé que lorsqu'un plébéien s'empara subrepticement des rites, déroba la connaissance jusque-là privilégiée des formules qui fondaient la puissance cérémonielle et la consécration du patriciat.

Parmi nous rien de semblable. Le Christianisme a rendu ses droits à la conscience humaine. Ses rites ne sont plus des arcanes; ils sont connus de tous, quoiqu'ils n'appartiennent pas à tous. Ils sont remis aux ministres d'un ordre tout intellectuel, dont la vocation est divine. Le domaine de la conscience leur appartient, il est soustrait au pouvoir séculier qui n'y a aucune part. Ce domaine relève de Dieu seul ; ses ministres composent le tribunal à qui l'homme volontairement défère le jugement et l'arbitrage de sa conscience. Nul droit de coërcition temporelle ne leur est dévolu. Les peines comme les obligations qu'ils imposent sont, ainsi que leur autorité, toutes spirituelles. C'est par là que le domaine de la conscience est affranchi, et que la liberté est rendue à l'homme. Le Christianisme est vraiment le règne de la liberté des enfants de Dieu, en ce que l'homme porte en lui-même un sanctuaire qui ne relève que de Dieu et sur lequel aucune seigneurie humaine ne peut rien.

L'Église est indépendante de l'État, parce que la conscience de l'homme a été faite indépendante du pouvoir civil. C'est cette vraie liberté individuelle créée par l'Église qui s'oppose à l'introduction du césarisme.

Le césarisme a-t-il rien de commun avec ce règne spirituel? Ne lui est-il pas antipathique? N'y aurait-il pas à tout jamais antagonisme entre une liberté religieuse qui donne à l'homme au dedans de lui-même un sanctuaire inviolable et un régime par lequel l'homme supplante et remplace l'homme au gré de sa force individuelle, un régime imposé par l'arrêt du sort, par cette fatale nécessité des anciens, indépendante du droit, de la justice et de la conscience : vrai hobbisme, comme nous l'avons dit, qui n'a rien de commun avec la liberté humaine, avec la conscience affranchie par le Christ et soustraite à jamais à la domination des Césars.

X

Mais la monarchie civile ne peut être contraire à l'Église parce qu'elle est née du droit et se renferme dans le droit. Elle respecte la conscience humaine parce qu'elle y est soumise elle-même et qu'elle ne veut ni ne peut rien indépendamment des lois primordiales qui sont les conditions même de son existence. Elle est donc légitime, non-seulement par son origine, mais par son exercice.

XI

En résumé, le césarisme, né hors du droit, a besoin de commander à la conscience humaine. Il n'a point de sentiment intime de son droit, autrement de loi intime ou de loi de conscience. Où prend-il sa force ? Dans l'obéissance muette ; et qu'y a-t-il de plus étranger au droit et à la conscience ? Il devient donc de plus en plus violent et arbitraire ; car la force appelle la force et ne peut être vaincue que par une force contraire. Elle cherche toujours à se dépasser elle-même, car sa sécurité est là. Il n'y a pas de limites dans la force comme dans le droit.

Si le césarisme a besoin de commander à la conscience, il lui faut aussi commander à l'Église, car elle est l'affranchissement de la conscience. En vain il la flatte. Que doit-elle attendre d'un pouvoir qui a sa loi en lui-même ? De même qu'il a violé les lois civiles pour s'établir, il ne répugnera en rien à enfreindre les lois spirituelles pour se maintenir. Il ne peut s'assujettir à un droit qui est hors de lui, sans se démentir lui-même.

Une fois parmi nous il s'est allié à l'Église. La rupture a éclaté dès que le césarisme a senti le besoin de commander à la conscience.

Mais l'Église ne se laisse pas manier ; l'Église connaît son droit ; elle sait que ce droit est divin, elle le défend ; elle ne peut l'abdiquer sans s'abdiquer elle-même, sans renier son instituteur divin.

Ainsi lorsqu'il ne la flatte point par un intérêt momentané, le césarisme commande à l'Église ou il l'a contre lui.

C'est une guerre à mort. C'est la lutte sans fin de la violence contre le droit si bien décrite par Pascal.

Mais la force passe et le droit est éternel.

La force s'épuise dans les efforts qu'elle a suscités. Le droit lui survit.

Le césarisme, dans un État chrétien, est donc une anomalie. S'il s'établit, il ne peut durer ; il périt violemment comme il a vécu.

Ennemi du droit,

Ennemi de la conscience et de la liberté humaine,

Ennemi de l'Église,

Le césarisme est par là même ennemi de l'État.

XII

Le césarisme né de la victoire s'abîme par la défaite.

C'est ainsi qu'il a vécu et qu'il a péri en France.

Son souvenir est funeste et dès lors ne peut rien fonder.

Que réveille en effet le nom de l'Empire ?

Après le Consulat, régime essentiellement temporaire, régime de transaction entre la République et la Monarchie et qui aboutit fatalement à l'Empire, qui répara un instant nos plaies et réorganisa le pouvoir public, vient une longue suite de triomphes injustes suivie d'une catastrophe épouvantable. Une double invasion du pays, la désertion des campagnes, les conquêtes de la Révolution et celles même de l'Empire à jamais perdues ; six places de la vieille monarchie, Landau, Sarre-Louis, Philippeville, Marienbourg, Bouillon, Versoix, cédées à l'étranger ; le royaume de Prusse campé en Champagne ; le grand duché de Bas-Rhin placé dans la main d'une puissante monarchie rivale et ennemie de la France, au lieu de petits princes clients et amis ; l'Anglais, par la création d'un royaume belge, stationné presque sur la Somme ; la Suisse empiétant sur la Bourgogne par l'occupation de l'évêché de Bâle ou Porentruy, terre du Saint-Empire, catholique, de langue française, qui n'avait jamais appartenu à la confédération helvétique, enclave de la Franche-Comté, livrée à la tyrannie bernoise et qui eût dû rester à la France ; partout non-seulement nos limites entamées, mais la frontière de l'ennemi transportée en deçà des Vosges et du Jura pour nous contenir et nous brider ; Saint-Domingue, plus riche qu'un royaume de second ordre, désolé et abandonné ; la Louisiane vendue à l'Américain ; nos colonies insulaires devenues la proie de l'Anglais ; l'île Maurice, en leur main, nous excluant de l'Inde ; la marine de Louis XVI détruite, relevée de ses ruines seulement, par la Restauration ; l'Italie tombée aux ceps de l'Autriche ; la Pologne nous reprochant éternellement son immolation ; le bouleversement de la monarchie espagnole, et ce peuple, si long-temps allié, rendu défiant, ombrageux, par l'effet de préventions peut-être ineffaçables ; ce grand peuple, dont l'alliance nous est si nécessaire, pour longtemps aliéné par des rancunes amères, par des offenses réciproques et de longs ravages, fruit du guet-à-pens le plus inique et le plus perfide dont les annales des conquérants fassent mention ; enfin la France livrée à un triste état social dont elle a peine à sortir, abandonnée dans un labyrinthe dont elle ne voit pas l'issue, et dont elle ne s'échappera que par une faveur spéciale de la Providence qui n'a jamais entièrement délaissé cette monarchie, ou par un trait de cette sagesse qui éclaire par saillies le génie français au milieu des plus violentes crises, et qui s'est plus d'une fois révélée dans les grands périls de la monarchie.

Est-ce ainsi qu'ont procédé les fondateurs d'empires? Les César et les Charlemagne ont-ils laissé à leur patrie la ruine, la défaite, la honte et l'indigence, ou l'ont-ils élevée, enrichie, agrandie par leurs triomphes? Enfin, si le césarisme était possible, ne faudrait-il pas qu'il eût pour principe la nation exhaussée à ses propres yeux, et non la nation appauvrie, humiliée, foulée aux pieds de l'étranger, privée de ses alliances, du prestige attaché à son nom et du poids dont elle avait pesé jusqu'alors dans la balance de l'Europe?

D'où vient donc que le souvenir de l'homme de malheur, à qui la France doit toutes ses blessures encore saignantes, s'est réveillé de nos jours? Pourquoi ce nom s'est-il maintenu grand dans les populations des campagnes? Sans doute ce nom rappelle d'immenses talents et de beaux succès ; c'est le nom qui, de nos jours, a frappé le plus vivement les imaginations des hommes, et c'est cette valeur légendaire qui l'a conservé dans une sorte de popularité. Tel est l'effet de cette puissante faculté de l'imagination humaine qui consacre les noms éclatants et les destinées funestes, comme des météores sanglants ! Mais surtout l'orgueil français, rougissant des tristes résultats de tant de vaine renommée, a protesté contre sa défaite, en se rappelant et en voulant rappeler à l'Europe la gloire de nos armes, en redisant à l'étranger que nos légions avaient foulé le sol de toutes ses capitales, qu'elles s'étaient promenées victorieuses du détroit d'Hercule aux glaces hyperborées ; et cette protestation, qui satisfait notre vanité blessée, sert encore la splendeur éclipsée de ce nom jadis si grand.

Mais que la France sorte de crise, qu'elle soit rendue au génie de sa race, qu'elle reprenne son rang en Europe, et ce nom ne représentera plus qu'un astre fatal qui se promène, passe, dévaste et s'éteint dans l'incendie qu'il a allumé.

XIII

Il faut l'avouer pourtant, ce nom nous a paru nécessaire. Dans la lutte des partis qui se balancent et dont aucun ne peut faire prédominer son principe, ce nom nous a offert récemment un terrain neutre. Sur ce terrain, chaque parti s'est reposé, a consenti d'ajourner ses prétentions dans un réciproque arbitrage, jusqu'à ce que le temps nous ait éclairés, jusqu'à ce que les questions soient mûries et que le droit public de la nation soit enfin reconnu, moins encore par la maturité des esprits, par l'éclaircissement de ce droit politique, qui est trop apparent aux hommes libres de préjugés, que par le calme des passions, par le rassérénement des âmes, par l'épuisement des factions.

Ce terrain neutre, que nous offre un nom naguère si redoutable, n'est qu'une situation transitoire ; on ne l'admet qu'à ce titre, comme une transaction momentanée, ainsi qu'eût dû être le Consulat. Et ceci est bien manifeste ; car si ce nom voulait prétendre à plus, il

serait à l'instant déserté ou réprimé par les hommes nationaux : c'est
ce qu'on a vu chaque fois que d'imprudents amis ont voulu le faire
sortir de sa voie conciliatrice. Mais cette fois ce serait une chute
dernière, sans ces illuminations de gloire et de génie qui ont sillonné
sa marche et éclairé sa catastrophe avec un fracas qui portait encore
un faux témoignage de grandeur, comme la chute de l'ange rebelle
qui avait osé s'élever contre les éternels décrets.

XIV

Reprenons notre thèse. Examinons l'essence et l'origine du césarisme.

L'armée des Césars faisait partie de la constitution de l'empire.
La milice avait pénétré tous les ressorts de la constitution. Le gouvernement était réellement dans la milice, fictivement dans le sénat. C'était une conséquence naturelle que la milice, qui avait fondé
l'empire, en restât gardienne et dépositaire. Et tous les pouvoirs
sacerdotaux, civils et militaires, s'étant concentrés dans la main de
son chef, il était encore nécessaire que ce dernier élément, par son
énergie, dominât tous les autres.

Dans cette absorption de tous les pouvoirs publics, la discipline
militaire survivait. De même que la république avait reçu successivement dans son sein et agrégé à la cité tous les peuples, l'armée
avait recruté dans tout l'univers ses légions, désormais composées
de barbares et d'étrangers. Ainsi le soldat avait cessé d'être citoyen ;
il n'était pas même Romain de mœurs et de langue non plus que de
sang, et conservait seulement le nom romain. L'ancien sénat, n'occupant le peuple que d'expéditions lointaines, pour faire diversion
aux discordes intestines, avait aidé à cette transformation, s'était
annihilé lui-même en se rendant esclave de la milice.

XV

Mais l'armée française est citoyenne ; sa composition, nationale et homogène. Elle n'affecte pas de s'affranchir de la loi. Disposer de l'État n'est point dans sa pensée. Et pourtant, les dernières conjonctures s'y prêtaient, pour peu qu'une telle vue eût été celle de la force militaire en France. Le génie encore vivant de notre antique et vénérable monarchie française s'y opposait.

En ces longs et tristes débats où nos pères virent le pouvoir tribunitien du Parlement, précurseur sans le savoir et mobile imprudent d'une grande chute, lutter contre la prérogative royale qui faisait sa propre garantie, on sait qu'un brave gentilhomme, un officier des gardes, porteur des ordres de la cour, trembla et frissonna en pénétrant dans le sanctuaire des lois. C'est que la monarchie française était tellement enracinée sur le droit public, que la force, gardienne des lois, s'en reconnaissait dépendante, loin d'aspirer à enfreindre cette loi de l'État devant qui tout fléchissait.

Cette vieille et sainte superstition fait encore l'esprit de notre armée. Conservatrice de la sécurité de tous, la milice française obtempère aux lois, quoique ses bras soient devenus plus que jamais nécessaires à leur défense. Le plus grand capitaine du siècle a pu une fois s'imposer à la nation. Le besoin d'une autorité centrale fit reconnaître son joug armé. Toutefois, une élection civique sembla valider ce pouvoir extraordinaire, que le salut de la société avait d'abord invoqué.

Plus tard, ce même capitaine, précipité par sa propre fortune, qu'il avait fatiguée et épuisée, remonte un instant sur les vagues par une conspiration militaire, unique dans notre histoire. Ce banni de l'Europe, rompant son ban, jette contre toute chance, sur un dernier et cruel enjeu, le sort de cette France qui avait tant souffert pour lui. La France l'accueille avec effroi. Il lui faut réchauffer ces germes de discorde et d'anarchie qu'il avait lui-même assoupis, et dont l'extinction avait jadis en quelque sorte légitimé son joug. Mais ce pouvoir usurpé s'écroule en trois mois et disparaît sous la réprobation publique. Sa chute est la condamnation finale du despotisme militaire, pour qui la France n'est point faite et qu'elle repousse à jamais.

Non, ce n'est point Waterloo, c'est le 20 mars qui a tué pour jamais le césarisme en France. Son passage funeste à travers la France consternée a été sa condamnation et sa fin.

XVI

Un général victorieux pourrait-il aujourd'hui ce que n'a pu le grand homme du siècle?

L'épreuve a été faite une fois par un homme en qui se rassemblaient toutes les capacités civiles, politiques et militaires; le succès n'a point couronné l'œuvre.

Mais admettons le problème.

Il n'y a plus lieu à victoire, il n'y a plus lieu à trophée, tant la position dans laquelle nous met la suspension momentanée de cette monarchie est complexe, précaire, incertaine et sujette à chanceler! C'est ce sentiment, commun à toutes les âmes, c'est cette pensée instinctive qui fait la paix intérieure et extérieure; c'est ainsi que les hommes les plus sages de tous les partis se trouvent portés par la confiance publique à la tête des affaires, s'entendent pour réprouver les hommes d'anarchie qui cherchent leurs chances de fortune et d'avenir dans une nouvelle conflagration; tous se comprennent lorsqu'il s'agit de réfréner ces hommes qui, chargés de leur propre misère et de leur inconduite, ne veulent aspirer aux jouissances de la vie par leur travail, ne peuvent éteindre leurs remords que dans le bouleversement social. C'est ainsi que des capitaines d'un mérite éprouvé, d'une vaillance qui a bravé l'inclémence des saisons, les ardeurs du climat africain et l'indocilité indomptée de l'Arabe, conspirent à la paix avec les conseillers les plus experts dans les travaux civils. Ils opposent encore leur expérience à la témérité indisciplinée d'un favoritisme obscur qui poursuit son accroissement dans des entreprises d'aventure.

Plus que jamais l'honneur d'un capitaine, c'est la sécurité de l'État. Voilà le lot de notre brave armée, et ce sera sa plus grande gloire dans l'avenir. La ferme et calme modération de ses chefs fait l'espoir et la confiance des bons citoyens; c'est sur leur épée que les familles dorment; leur nom est cher à la nation, parce qu'elle ne veut plus voir en eux que les gardiens de la paix publique. Eux-mêmes sentent le prix du rôle qui leur est dévolu; et, ce qui est le plus difficile et le plus recommandable dans un homme de guerre,

ils s'enchaînent à cette paix comme à la seule tâche qui leur soit
aujourd'hui permise, à celle dont la postérité leur tiendra le plus de
compte.

XVII

Mais que nous veut l'empire de la force, à nous, nation adonnée
aux travaux de l'intelligence, distinguée par ses conquêtes dans le
domaine de la science? La France, lasse de gloire militaire, dont elle
a épuisé les triomphes et les revers; la France, rajeunie par ses
malheurs et par l'inanité de ses trophées, s'est ouvert d'autres
routes où l'ambition doit la suivre pour n'être pas en désaccord avec
ses modernes tendances tout intellectuelles.

En France, la culture des esprits est parvenue au plus haut point.
Peut-être même l'élan communiqué aux études a-t-il dépassé le terme
où l'âme trouve son assiette et son repos. Toutes les sectes s'agitent,
tous les systèmes se discutent; et non pas seulement ces hautes
questions métaphysiques dont la solution, premier besoin de l'humanité, fut la première manifestation de Dieu; mais de nouvelles
doctrines sont importées parmi nous, issues du cerveau rêveur d'un
peuple livré à tous les délires de la sagesse humaine outrepassant
ses limites. En même temps l'exégèse chrétienne se revêt de toutes
ses armes. C'est une époque de transition et d'épreuve pour la phi-
losophie morale comme pour l'économie politique.

Tous les esprits sont en émoi, attendant ces précieux résultats de
l'investigation humaine et de la foi religieuse, tandis que les gouver-
nements se ballottent entre l'autorité et la liberté, sans trouver encore le point fixe dans lequel se doivent contrebalancer les deux
éléments de la société civile.

Y a-t-il lieu ici à la force aveugle? N'est-ce pas la pensée qui doit
résoudre ces grands problèmes?

En France, c'est l'*idée* qui règne et non la force. Quand celle-ci
prévaut, son succès est momentané, et la pensée reprend bien vite
le dessus. Car, bien que notre nation soit essentiellement belli-
queuse, elle est plus vaine encore des avantages de l'esprit. Et,
comme les anciens l'ont dit de nos ancêtres gaulois : « Peuple avide

de combats et plein d'estime pour l'exercice de la parole; *Genus summæ solertiæ... Virtute bellicâ et concinnitate sermonis gestiens,* » notre nation, à mesure qu'elle s'est policée, a estimé davantage les arts de la pensée. Là est la vraie puissance. Aujourd'hui que la France est dans un état moral de guerre civile, les hommes forts en parole sont aussi les hommes forts en œuvre et portent les étendards des partis.

L'esprit règne, la force contient. C'est là sa mission ; elle en a l'instinct, elle ne dévierait de cette destination que pour s'exténuer elle-même dans une lutte mal engagée où elle finirait par succomber.

La force, en France, n'est donc que ministre et exécutrice de la pensée, première condition d'un État libre. C'est ce qui assure à l'avenir de notre patrie cet état de liberté où sa haute civilisation l'a portée.

L'empreinte que les choses humaines ont reçue dans leur origine se communique et se transmet dans toute leur durée. Les institutions s'altèrent plus qu'elles ne se transforment, et, bien qu'en s'altérant, conservent toujours quelque image de leur forme primitive.

Nos dernières révolutions, quoique si pernicieuses, en ont fourni une preuve sensible. Toutes se sont faites à la vue de l'armée et en dehors d'elle.

XVIII

A Rome, au contraire, les révolutions se font par la milice. Les partis armés avaient d'abord disposé des comices. Ces partis, ayant à leurs gages des esclaves, des gladiateurs, des prolétaires couverts de crimes et comblés de misère, se chargeaient dans la place publique. Ces convulsions du Forum signalent les derniers temps de la république. On s'habitue à tout devoir à la violence. Les généraux, dans de lointaines expéditions, s'attachent les légions de la république, qui ne sont plus que les soldats de Marius et de Sylla. Des tyrannies, revêtues des charges de la république, procèdent par la mise à prix des têtes du parti adverse. La paix ne règne que par

la victoire sanglante d'une des factions rassasiée de proscriptions
et de meurtres. Enfin, Pharsale crée l'empire ; l'armée, réunie à la
faction populaire, proclame un dernier dictateur dans le plus glo-
rieux de ses chefs. Le sénat romain, recruté de barbares Gaulois à
la solde de leur vainqueur, lui prête une voix obéissante qui n'est
plus que la voix de la faction triomphante.

XIX

Toutefois, l'hérédité est tellement dans la nature des choses que
le césarisme y aspire. On vit une lutte s'engager entre la succession
héréditaire tendant à se fonder dans le principat, et la force aveugle
du glaive, source du césarisme. Des maisons éphémères de princes
s'élevèrent, qui fournissaient deux à trois générations, bientôt ren-
versées par de nouvelles compétitions de soldats heureux. Ainsi l'empire présenta un tiraillement continu entre la force régnante et le
droit d'hérédité qui cherchait à s'introduire et ne pouvait se fixer,
parce qu'un vice était dans le cœur de ce gouvernement et l'avait
infecté dès sa naissance. Ce vice, c'était le césarisme même, ou la
force substituée au droit.

Le grand nom de César établit d'abord le pouvoir des armes et
l'arbitrage des lois dans sa famille précipitée bientôt par ses vices
énormes et ses lâchetés. Puis vinrent la maison de Vespasien, les An-
tonins, et enfin les élections tumultuaires faites dans chaque province
et pour ainsi dire dans chaque camp par les légions qui stationnaient
sur la frontière. Ce ne fut plus qu'un choc d'armées qui retentissait
dans tout l'empire, inaugurant chacune son César. L'empire à chaque instant était près de s'abîmer sous le poids de tant d'armées plus
barbares que romaines, qui disposaient de son sort, comme pour
venger le Rhin et le Danube longtemps captifs.

Les empereurs cependant avaient tenté d'imprimer une direction
héréditaire à l'empire par l'établissement d'un droit nouveau nommé
cooptation, dont l'effet était de faire passer l'empire au César élu.
Ainsi Nerva s'associe par cooptation Trajan ; Trajan, Adrien. Cette
cooptation faite avec le suffrage de la soldatesque, avait pour but de

donner le change au système électif et militaire qui fondait le droit de l'empire.

A Byzance, le mélange des mœurs asiatiques avec les coutumes romaines communiqua bientôt au césarisme le caractère du despotisme oriental. L'on vit tour à tour des dynasties de Constantins, de Justins, d'Héraclius, Macédonienne, Comnène, Lascaris, Paléologue. Mais toujours la lutte des deux principes d'hérédité et d'élection.

Tant il est vrai que dans un État fondé sur la force militaire, la nécessité d'un principe de transmission ou le droit naturel protestait encore et inclinait, quoique infructueusement, à travers mille périls et bien des convulsions, à ramener l'hérédité !

Le césarisme, comme on l'entend, c'est-à-dire une domination purement assise sur la force, n'a donc jamais été complet ni à Rome, ni à Byzance, quoique assez puissant pour déchirer l'État et l'amener de crise en crise à des bouleversements périodiques, régime habituel de cet empire si célèbre dans le monde et si malheureux.

Le césarisme a bien moins de chance de s'établir dans un État où la monarchie héréditaire a régné, où elle s'est incorporée dans une race royale encore existante, où elle a fondé le droit national.

XX

Bien plus, le césarisme romain n'a jamais rompu entièrement avec l'autorité du sénat. Ce gouvernement, comme nous l'avons vu, avait conservé les images et les insignes de l'ancienne république. Tous les pouvoirs effectifs étaient dans les mains du César. Mais la sagesse vivante du peuple romain était censée résider encore dans les délibérations du sénat que dictait le prince ; c'était toujours en apparence le sanctuaire des lois, dans qui les comices étaient venus se confondre, le tribunal d'où les rois attendaient leurs arrêts, l'emblême de la souveraineté comme de la clémence et de l'antique majesté du peuple romain.

Les meilleurs empereurs, les Trajan, les Marc-Aurèle, les Probus, s'étaient efforcés de relever l'ordre sénatorial. Dominés à leur insu

par le vieil esprit romain, par les souvenirs de la république et par
les antiques mœurs que leurs vertus privées rappelaient, ils avaient
voulu mettre une borne à leur autorité en atténuant l'élément militaire. Ils étaient dupes eux-mêmes des images républicaines que représentait l'empire. Mais la violence du césarisme reprenait le dessus ; la jalousie des gens de guerre faisait expier aux Probus et aux
Aurélien cette généreuse aspiration au gouvernement civil. Les soldats, maîtres de l'empire, ne voulaient plus relâcher cette proie.
La milice épiait l'esprit libéral des empereurs populaires qu'ils
châtièrent trop fréquemment par la sédition et le meurtre. Les bons
princes perdaient en un instant la faveur des légions qui avaient
suivi leurs triomphantes enseignes.

Il y eut pourtant un moment d'hésitation entre le césarisme et le
sénat. Cet fut à l'avénement de l'empereur Tacite. On sait par le
témoignage de l'historien Vopiscus qu'après la mort d'Aurélien,
victime d'une de ces conspirations militaires, l'armée et le sénat se
renvoyèrent jusqu'à trois fois l'élection d'un empereur. A la vue du
cadavre sanglant d'un grand capitaine qu'elle venait d'immoler,
l'armée, émue d'un sentiment de remords, parut abdiquer et rétrocé-
der au sénat le bénéfice de l'inauguration militaire. C'est à ce sujet
qu'un sénateur s'écriait dans sa joie naïve : « Nous avons enfin ob-
tenu ce que nous avons toujours souhaité ; nous faisons des princes,
tous les pouvoirs dépendent de notre ordre. Grâces soient rendues
à une armée vraiment romaine. Elle nous a restitué la puissance légitime dont nous avons toujours dû jouir. Rome et la république vont
refleurir. Nous leur donnons des empereurs, et nous pourrons les in-
terdire, nous qui avons commencé à les créer. » Mais c'étaient là de
vaines espérances dont l'illusion annonçait dans ce corps dégénéré
l'ignorance d'une plaie interne et incurable. La force de la milice était
tout ce qui restait de Rome antique. Le césarisme était dans l'empire, il en avait corrompu et rongé les entrailles, il n'en devait plus
sortir.

XXI

Il n'en est point ainsi de la France, *Di omen avertant !* La monarchie est toujours dans l'essence de son gouvernement, et cette suspension de tous les partis qui consentent à s'abdiquer pour tenir en échec le césarisme comme le socialisme, prouve que la France ne veut plus, ne conçoit plus, ne désire plus qu'un gouvernement civil et héréditaire. Seulement, les différents partis le placent dans un divers principe, parce que le vrai principe du gouvernement civil a dévié.

Le droit public de la France a fléchi, et c'est cette déviation qui produit la crise dans laquelle la France se débat.

La France souffre parce qu'elle ne trouve plus de base pour se rasseoir.

XXII

Tout État, comme toute religion, a un dogme. Ce dogme est son droit public. Un État sans dogme est comme une religion sans croyance, un néant, un être de raison. De même que l'extinction du dogme religieux est la ruine de la religion, ainsi la négation du dogme politique ou l'incroyance à ce dogme est la ruine d'un État. Dès lors l'État flotte à tout vent, il essaie de tous les systèmes ou de tous les dogmes, même de ceux qui sont antipathiques à sa nature. Mais il ne peut se les approprier, il se fatigue et s'énerve jusqu'à ce qu'il soit retourné à sa foi politique ; ou, s'il ne peut y rentrer, il faut qu'il roule de révolutions en révolutions.

Car il ne pourrait se donner une autre foi politique. Ce n'est point l'œuvre de la sagesse humaine. Il n'est point d'exemple d'un État qui ait créé à soi-même son droit public, qui l'ait puisé hors de ses mœurs, hors de ses origines, hors de sa constitution naturelle.

Le problème pour la France est donc de savoir si elle est sortie de son droit public pour n'y plus rentrer, si ce droit est éteint ou s'il n'est que suspendu.

Mais cet accord de tous les partis honnêtes pour comprimer et tenir en échec deux éléments contraires à son statut national, le démocratisme et le césarisme ; cet équilibre dans lequel ils se maintiennent et consentent à ajourner leurs dissidences, est lui seul une preuve que l'esprit de vie ne s'est point retiré de cette société, qu'elle flotte à la recherche de son droit originel. Cependant elle navigue habilement entre les factions, prête à reconnaître l'étoile qui brillerait à l'horizon et qui lui montrerait son port de salut.

Oui, le triomphe du droit n'est pas désespéré lorsqu'une nation ne s'abandonne point aux éléments de dissolution qui la travaillent, lorsqu'elle a déjà combattu et vaincu l'un, lorsqu'elle surveille l'autre dans les faux-fuyants où il se déguise comme dans les voies ouvertes où des hommes téméraires le poussent. Défiances et ombrages que l'on ne peut blâmer, car, dans ces périlleuses conjonctures, une nation ne sort de crise qu'en usant de prudence et de précautions contre les artifices et les embûches, qu'en veillant sur elle-même et sur l'ennemi.

XXIII

La France déviée de son droit originel, se tourmentant pour trouver le repos, la France s'épuiserait en mouvements convulsifs si elle ne s'empressait de rentrer dans les conditions de sa vie normale.

Mais il faut se hâter tandis que ce fil délié peut se rattacher encore. La monarchie n'est pas loin de nous, la quasi-monarchie qui la représentait vient à peine d'expirer. La double convulsion qui les a emportées l'une et l'autre n'est point notre œuvre ; elle a été désavouée par la partie saine de la nation. La France enlevée par une camisade comme une place prise d'assaut, étourdie et déconcertée de cette insulte soudaine, est encore à peine remise de ces coups imprévus qu'elle subit sans les comprendre. Mais revenue sur pied, elle s'étonne de soi, comme un homme en santé surpris d'éblouissement et qui cherche la cause de cette extase qui l'a ravi à lui-même.

Qui ne voit aujourd'hui le seul moyen qui nous reste de renouer la chaîne de notre droit public interrompu ? N'est-il pas évident qu'on n'y parviendra que par le ralliement des partis monarchiques ? Quel obstacle s'oppose à cette réconciliation ? Les craintes que peut nourrir encore l'esprit de liberté ont-elles quelque fondement ?

L'on a cru trouver dans l'une des branches royales une sympathie plus étroite avec nos libertés. Mais y a-t-il lieu à défiance envers aucune d'elles ? Quel prince fut moins que Louis XVI jaloux de ses droits légitimes, lui qui sacrifia aux libertés publiques celles même de ses prérogatives qui étaient nécessaires au maintien de ces libertés? Y a-t-il lieu encore aux immunités et aux prétentions des corps? La révolution n'a-t-elle pas détruit jusqu'aux vestiges des anciennes corporations, en commençant par le pouvoir tribunitien des parlements dont ils avaient tant abusé contre la couronne en refusant au malheureux roi leur concours dans les crises de l'État? Ce vieux *tribunat* n'est-il pas aujourd'hui concentré tout entier dans une chambre populaire? Et l'aristocratie française n'a-t-elle pas été abolie sans retour par la première révolution? Successivement amoindrie par les progrès de la monarchie, exclue des conseils de l'État au profit des agents de la couronne, dépouillée du pouvoir intermédiaire et modérateur tombé aux mains des hommes d'administration, l'aristocratie française se voyait réduite à quelques priviléges fiscaux qu'elle abdiqua elle-même dans une nuit fameuse, qu'un souffle a fini par disperser. Il ne lui reste plus que l'honneur héréditaire des familles et les souvenirs historiques, patrimoine légitime de quelques vieilles races. L'État économique de la France est fixé; il a répandu la même aisance dans toutes les classes. Cette aisance, aidée de la mobilité même de la richesse, tend à passer dans toutes les familles, à égaliser de plus en plus les conditions, assez pour effacer les nuances qui les distinguaient, peut-être plus qu'il n'est nécessaire à la subordination hiérarchique qui doit encore exister dans un pays libre. Il n'y a donc lieu à répulsion de l'esprit public pour aucune des branches de la race royale; et comme le droit national ne peut se reprendre que dans l'institution monarchique, faut-il penser que dans les branches royales est l'empêchement? Malheur à elles si elles n'aspirent à se rejoindre comme les membres d'un même corps qui puise son être et son principe de vie dans son homogénéité! Car un membre séparé du corps auquel il appartient, a dit Pascal, n'a plus qu'un être périssant et mourant.

Notre droit public renouvelé, la révolution sera close, la France revivra, elle fera resplendir au grand jour les vertus aujourd'hui stériles.

Un gouvernement national aurait besoin en effet de mettre en œuvre toutes les ressources comme tous les talents, et ceux surtout que les dernières phases de notre vie publique ont éprouvés.

XXIV

Si ce lien fragile qui relie encore le destin de la France à son droit originel était à jamais rompu, qui pourrait en tenir lieu?

Nous l'avons dit, le droit public est le dogme de l'État, est sa substance. L'État ne vit que par ce dogme sans lequel il n'est qu'un corps inerte, lors même que ses membres ne sont point encore gangrenés.

Certes, il n'est point douteux que la France ne possède encore d'admirables éléments de vie. Je ne crains point de le dire, les plus hautes valeurs de la civilisation sont en France. Si les vices y sont monstrueux, les vertus y sont plus éclatantes qu'ailleurs. Toutes les belles institutions religieuses viennent aujourd'hui de la France, tous les talents réparateurs en procèdent, les meilleurs livres s'y publient, les plus utiles instituts s'y fondent. La France est le pays de la charité. C'est en France que les infortunes chassées par la police régulatrice des modernes civilisations viennent quérir des ressources et les trouvent toujours prêtes dans la bienfaisance publique et privée. Malgré ces lois qui prohibent la charité comme une vertu nuisible à la sagesse économique, la charité, qui calcule moins et qui soulage mieux, ouvre le sein maternel de la France à toutes les misères proscrites.

Mais les qualités ardentes de notre nation présentent aussi les plus énormes contrastes. Il n'y a presque point de milieu; et c'est le cas d'appliquer le mot du bon pape Pie VII : *In Francia tutto cielo od inferno, non v'é purgatorio.*

Pourquoi donc la France si féconde en mérites erre-t-elle au gré de ses destinées?

Une seule cause paralyse ses vertus et les rend inutiles, non point au bien domestique, au soulagement des familles, aux institutions privées, mais à la vie de l'État. Le droit public manque.

Le césarisme ne le remplacerait pas, car le césarisme n'est point dans nos mœurs. Le césarisme romain pour s'établir avait concentré en sa main toutes les dignités de l'ancienne république. Le césarisme

chez nous ne peut rien fonder ; car il n'y a rien dans l'état public de
la France, ancien ou moderne, ni en réalité ni par fiction, qu'il puisse
s'assimiler.

XXV

Pour former un nouveau droit public il n'y aurait de ressource que
dans la conquête étrangère.

Mais c'est en substituant un peuple à un autre. Un peuple plus
jeune, plus vigoureux, plus sain, porte en lui-même son droit public.
Ainsi en arriva-t-il dans le déclin de l'empire romain. Des migrations
de peuples imbus d'autres mœurs transportaient avec eux leurs gou-
vernements sur leurs chariots ou sous la tente. Moins nombreux que
les conquis, ils les dominaient par un droit qui leur était propre ; et,
remarquez-le bien, cette force était si grande, cette vie interne si
féconde, qu'elle se les appropriait et parvenait à en faire une nation
neuve qui communiquait au vainqueur sa langue, même sa religion,
tout en empruntant un droit public étranger. Et cette nation transformée y puisait une nouvelle vie qui fournissait une carrière de plusieurs siècles. Ainsi les Francs, implantés dans la Gaule, en reçoi-
vent leur culte cérémoniel, leur idiôme, et à leur tour transmettent
à un peuple flétri des vices et de la langueur mortelle des Romains
un droit national qui le renouvelle, sans que la trame en soit inter-
rompue puisqu'elle a duré jusqu'à nos jours, et que la France aujour-
d'hui n'est en travail que pour la renouer. Ainsi des Lombards jusqu'à
ce qu'ils fussent conquis par les Francs ; ainsi des Anglo-Saxons jusqu'à la conquête franco-normande qui créa un autre peuple en trans-
muant les coutumes, les mœurs, les lois et jusqu'à la langue du peuple primitif. Tant il est vrai que le droit public est dans l'État comme
le dogme dans la religion, c'est-à-dire sa vie intime qui meurt avec
lui, avec laquelle il s'éteint, sans laquelle il ne peut se nourrir ni se
renouveler que par la substitution d'un peuple à un autre !

XXVI

Y a-t-il lieu à conquête? Où est le conquérant? Est-il encore dans notre Occident une nation jeune et vigoureuse en face des nations décrépites et dégénérées? Toutes ne sont-elles pas compagnes du même déclin, arrivées au même point de décadence? Les mêmes germes de corruption, les mêmes maladies morales, la même fièvre de sédition et de révolte contre Dieu et contre l'ordre éternel qu'il a établi, n'ont-ils pas infecté tout le corps de la société européenne? Où donc est la nation prédestinée à remplacer l'autre sur une nouvelle terre promise? Toutes ne semblent-elles pas frappées du même sceau qui marqua jadis le front de la race de Chanaan? Le même esprit de vertige et d'erreur, que l'Écriture nous désigne comme l'avant-coureur sinistre de la chute des rois, et qui l'est sans doute aussi de la mort des peuples, ne s'est-il pas insinué chez nos voisins? Quel peuple osera donc se dire élu de Dieu pour ministre de ses châtiments sur un autre peuple? Comme nul vengeur n'apparaît près de nous digne de servir l'ire de Dieu, l'on doit croire que Dieu, dans sa colère, n'a point encore condamné les peuples, qu'il réserve un temps à sa clémence et un répit à nos passions, qu'il leur permet de se calmer. A nos projets, pleins d'illusions et de chimères, il donne le temps de reconnaître la véritable voie où se trouve la vérité morale, base de la vérité politique, la voie qui conduit à la vie et hors de laquelle les États se débattent dans d'interminables dissensions, dans de successives langueurs, jusqu'à ce que la dissolution les livre à un voisin avide et mieux discipliné, dont la jalousie et l'artifice ont nourri leurs discordes et mis à profit leurs revers.

Mais est-ce ici la situation de notre patrie, si malheureuse et si éprouvée depuis plus d'un demi-siècle? Non certes. Nos voisins ne souffrent guère moins de l'altération de leur droit public égaré hors de ses voies ou mis en question. Ils sont même plus moralement malades. Et tandis que l'énergie naturelle de notre nation la relève de ses secousses au moment où l'on pensait la voir succomber;

tandis que l'élasticité et la ductilité de son génie lui offrent des ressources inespérées de réparation et de salut dans l'excès de l'allan-
guissement et des faiblesses morales ; tandis que la justesse de son
sens lui fait rétrograder les sentiers de désordre où on l'avait crue
perdue, nos voisins, moins bien servis par des organes moins sou-
ples ou moins énergiques, creusent le mal et ne peuvent plus s'en
dégager, ou tombent dans l'engourdissement sans pouvoir reprendre
l'essor de leur antique vertu.

Voyez l'Allemagne. Peut-elle aujourd'hui menacer la France,
qu'elle foula lorsque l'accord de ses princes et de ses peuples, et
surtout l'ambition coupable du dernier conquérant de l'Europe,
l'amenèrent jusque dans nos foyers, longtemps inviolés à ses armes ?
Troublée dans ses entrailles, déchirée par l'antagonisme de ses deux
plus puissants États, énervée par les complots de la démagogie, dé-
pravée dans ses classes lettrées par l'athéisme et les fausses philo-
sophies, abandonnée aux derniers délires de la raison humaine, elle
donnait hier le spectacle de cette Égypte que nous retrace la plume
de Bossuet, autrefois si sage dans ses conseils, maintenant enivrée
et chancelante, livrée à l'esprit de vertige et qui ne se reconnaît plus
elle-même. Faut-il se fier au concert apparent ou momentané de ses
cours ?

Est-ce de là que nous viendront des conquérants, lorsque, pour
rasseoir l'autorité ébranlée de ses princes, elle a besoin de recourir
au dangereux secours d'un voisin plus puissant qui l'observe d'un
œil clairvoyant, s'immisce dans ses conseils, s'implante sur ses fron-
tières et jusque dans ses citadelles ; qui, déjà maître du secret de sa
faiblesse et de ses divisions, épie et compte les degrés de son épuisement ?

Est-ce de l'Angleterre, où l'établissement d'Henri VIII, qui est une
pièce même de son gouvernement, est sapé par les progrès du ca-
tholicisme ; où le prolétariat affamé étale ses misères à côté de l'ex-
trême richesse, de l'opulence sans entrailles ; où la race agricole,
vrai fondement et nerf des États, se déclasse, s'atténue et s'anéantit
par l'effet de l'industrialisme appliqué en grand à l'agriculture ; où
l'immigration et la concurrence du sobre Irlandais supplante la vo-
racité saxonne ; où les *latifundia* ont accru démesurément l'indigence publique et déplacé le colon ; où la science infâme des

Machiavels, qui a perdu l'Italie moderne, fait désormais toute la sagesse du cabinet? L'Angleterre, tout l'annonce, a joué son plus beau rôle en ce monde. *Church and state;* ce sont les deux termes d'une même équation ; les lords spirituels jettent un cri de détresse à l'aspect de la *Babylone romaine* qui s'avance et qui n'effraie plus que leurs prébendes où ils s'endormaient. Du Raoul Barbe-Bleue de l'Angleterre au pape à falbalas qui la gouverne, l'anglicanisme a fait son temps. La ruine de son patriciat, qui suivra celle de son Église, vengera le monde de ses injustes succès.

XXVII

La conquête qui fonde un nouveau droit ne peut donc vraisemblablement avoir lieu en France, *à moins que l'excès de nos propres fautes ne lui rouvre le chemin.* L'état de l'Europe semble le prouver. Car la France, bouleversée dans ses éléments publics, est encore la plus saine partie de l'Europe dans ses éléments privés, dans l'honneur militaire, dans la probité des carrières civiles, dans l'exercice de la religion, dans cette charité qui supplée aux besoins du culte, fournit aux nécessités du paupérisme, non-seulement indigène, mais étranger ; dans ces nombreuses corporations de secours et de propagation évangélique que l'Europe lui emprunte, et dont elle vient chercher chez nous le modèle et le noviciat. Oui, malgré les accusations nombreuses qui pèsent sur elle, malgré tant d'impurs ferments qui s'agitent au grand jour, la France, plus qu'aucun autre pays, renferme en son sein une foule de vertus cachées devant qui les puissances même du ciel se prosternent.

Si l'opprobre de la conquête ne doit point nous communiquer un nouveau droit national, si les autres parties de l'Europe sont peut-être moins saines dans les mœurs privées et non moins agitées sur leur scène politique, la France doit donc trouver sa ressource en elle-même. C'est là seulement qu'elle peut reprendre la vie qui l'animait, et dont le germe, un moment comprimé, n'est pas étouffé. Alors les vertus privées, qui seules se substituent à sa vie publique et lui communiquent encore quelque mouvement, s'adjoignant au grand ressort de sa foi politique, la France redevient capable des grandes entreprises ; elle est encore le guide des nations, elle recommence sa marche à travers les siècles, et cette grande lacune qū'elle laisse sur la carte du globe se ferme. Le droit de la France renouvelé est le droit de l'humanité, l'étoile polaire de l'Occident, la paix du monde et le signe de la réconciliation européenne.

XXVIII

RÉCAPITULATION.

Le césarisme est en dehors des choses. Le césarisme, comme élément de durée, est une chimère. Le césarisme complet n'a pu exister, même à Rome, enccre que la discipline de la milice romaine fît une partie essentielle de la constitution.

Existerait-il en France, lorsque tout y répugne, l'ancienne constitution de la monarchie, la fin néfaste que le césarisme de quinze ans a subie, l'esprit de sagesse qui aujourd'hui préside aux conseils nationaux et tient en échec les vieux tronçons de l'impérialisme qui menaçaient de se rejoindre ?

Dans Rome, ce fut une vacillation perpétuelle de César au sénat. — En France, ce ne serait point même un État public, mais une confusion anarchique de tous les éléments sociaux.

A Rome, pour se perpétuer, le césarisme tendit souvent à l'hérédité. — En France, l'hérédité est dans le droit, mais hors du césarisme dont notre milice indigène n'a point conçu la pensée.

A Rome, le césarisme se confirmait et se modifiait par la reconnaissance d'un sénat. — Mais nul sénat, nul ordre n'exista jamais en France pour disposer de la souveraineté et pour représenter l'image d'une consécration nationale. La souveraineté, symbolisée par le monarque, est dans le corps de la nation, si plutôt la souveraineté n'est partout le mystère de Dieu qui a institué la société humaine.

Le césarisme est donc étranger à la nation française, à ses mœurs, à son génie, à ses souvenirs historiques, à ses origines, aux différentes ères de ses annales. C'est la dégénération d'un état militaire auquel la France ne présente rien de semblable ; c'est l'obscurcissement et l'anéantissement de l'esprit par lequel vit la France intellectuelle, industrielle, artiste et savante; c'est, en un mot, une antithèse perpétuelle avec tous les éléments qui ont fondé le génie français et qui le maintiennent. C'est une anomalie dans la vie de la France ; c'est une de ces phases violentes, comme le règne des pasteurs arabes en Égypte, comme l'usurpation des mages dans la Perse, comme Cromwell en Angleterre, comme Napoléon en France ; météores d'un moment, qui ont fait dévier les nations et se sont éclipsés, laissant seulement à la nation surprise le soin de renouer son droit public au milieu des embarras qu'ils avaient amoncelés, des ténèbres qu'ils avaient suscitées.

XXIX

Mais telle est la puissance du droit public que, ramené une fois dans sa voie, tout s'y achemine de concert et sans effort. Il en advint ainsi à la suite des diverses révolutions que nous venons de signaler. La mitre sacerdotale des mages fait place au diadème, l'usurpateur républicain au monarque de la loi, le soldat couronné à la légitimité nationale. Et il semble qu'il n'y ait eu qu'une déviation d'un moment, tant les dynasties et les lois reprennent leur cours naturel ! Tel un fleuve détourné de son lit y rentre sans effort, comme si rien n'eût interrompu le cours majestueux de ses eaux.

XXX

Plus l'on pénètre dans l'essence du césarisme, et plus on se convainc qu'il n'a pu exister que comme association ou aristocratie militaire.

Le césar étant élu d'abord par les prétoriens, puis dans chaque province par l'armée qui y cantonnait, l'aristocratie régnait dans chaque camp ; et lorsque les armées romaines ne furent plus composées que de barbares, c'est encore dans cette association, liée par un reste de la puissante et presque indestructible discipline romaine, qu'était le destin et la fortune de Rome.

Le droit public, la force de transmission, le ciment de l'État résidait donc dans le corps qui déférait la puissance : là était le souverain.

Bien plus, — et c'est ce qu'il faut surtout remarquer, là est le nœud de l'énigme du césarisme romain, — la discipline militaire avait sa religion. Les enseignes étaient presque des dieux ; le lieu où elles étaient placées, Principia, était un sanctuaire. La force de l'organisation militaire de Rome païenne avait consacré la religion des enseignes avec une autorité qu'elle ne put avoir jamais chez les nations chrétiennes. C'est ce qui explique la force et la durée du césarisme chez les Romains.

Tel il fut à peu près dans l'empire ottoman, où la milice des janissaires disposait de l'État, à la réserve que l'élection ne pouvait avoir lieu hors de la maison sacrée d'Othman.

Ce n'est point là le despotisme royal, dernière station des États réguliers. Ce n'est point la monarchie dégénérée par l'exagération d'un pouvoir qui s'est accru incessamment aux dépens des corps intermédiaires. Ce n'est point ce despotisme vieilli dont la mollesse déguise l'excès et couve le ferment des révolutions.

Pour nous, nous attendons la monarchie renouvelée et épurée à la suite des révolutions.

Qui osera dire que la France a les éléments d'une aristocratie militaire, que cette aristocratie existe même en Europe ?

Odieuse, oppressive, puisque le peuple n'est rien, puisque le souverain nominal n'est que le délégué et le ministre, et bientôt l'esclave de la milice, puisque la milice est tout.

Chez nous, le soldat est un être obéissant, que l'on aurait tort pourtant de comparer à un automate armé ; car il lui faut le courage, la patience, la résignation dans les travaux, le dévouement à la discipline, au drapeau, à la patrie, et des qualités morales d'autant plus estimables qu'elles sont plus obscures. Le soldat fait le sacrifice de sa vie en silence, esclave du devoir, sans qu'une voix s'élève pour le louer ; c'est une vertu ployée sous le joug et dont l'essence est d'obéir. Le chef lui-même n'est homme public que par l'autorité qu'il emprunte au souverain ; il n'existe que par elle et disparaît dès qu'il se sépare d'elle. Le véritable souverain est là où est la transmission héréditaire et inamissible du pouvoir public.

L'aristocratie, dirai-je plutôt la démocratie militaire, est un gouvernement barbare qui n'a pu exister que dans un État né de la conquête, dont le chef a été contraint de composer avec ses compagnons de fortune, de faire avec eux un partage des fruits de la conquête. La conquête s'est faite en commun, la souveraineté de même ; l'une et l'autre ont commune origine.

Qu'un tel régime n'ait pu se fonder dans les États germaniques, comme dans l'empire ottoman, à la suite de la conquête romaine, c'est le plus bel éloge de ce sang généreux.

L'aristocratie militaire, le césarisme, le janissariat, pour trancher le mot, se formerait-il après des siècles de gouvernement régulier, où le droit de conquête originaire s'est confondu dans un droit public préexistant chez le peuple conquérant, et s'est modifié successivement par les lois civiles, administratives et municipales, par des assemblées nationales périodiques, par l'interprétation des historiens et des jurisconsultes, par les traditions d'une magistrature savante, et, avant tout par le Christianisme.

Sous aucun point de vue, le césarisme n'est donc possible en France.

XXXI

ORLÉANISME.

L'orléanisme, à son tour, peut-il quelque chose par lui-même ? A-t-il chance de réussite par sa propre vertu ? Les fauteurs de la maison d'Orléans lui rouvriront-ils de rechef le chemin du trône dont elle a été une fois renversée par une chute si soudaine? C'est ce qu'il est à propos d'examiner en peu de mots; car si l'orléanisme est aussi peu capable que le césarisme de fonder un gouvernement durable, la cause de la monarchie légitime n'est plus douteuse. Où trouver ailleurs la stabilité, la force, la durée, le salut?

Le chef de la maison d'Orléans a pu aider à la première révolution lorsqu'elle éclata. Que représentait-il alors? Un simple parti d'opposition contre l'autorité royale, ou plutôt contre le despotisme ministériel qui avait presque absorbé tous les droits de la nation, des ordres, des provinces et des communes ; contre la cour abandonnée au favoritisme et dispensatrice de toutes les grâces, au mépris des services réels, des talents non contestés.

Le prince de l'opposition pouvait s'offrir alors dans une branche royale ; c'était même là seulement que l'opposition trouvait un centre et une puissance.

Mais lorsque l'opposition était devenue républicaine, le chef de cette famille était désormais un instrument inutile. Non-seulement la Révolution pouvait se passer de lui ; mais il s'en retrouvait ennemi par son nom, par sa race, par ses droits contingents à un héritage royal. Il ne se ralliait à elle que malgré elle ; la Révolution s'obstinait à le repousser, et ne voulait plus d'un porte-enseigne dont le nom seul était encore une protestation contre elle.

C'est ce que nous avons vu : le chef des Orléans a été déclaré suspect comme tout l'ancien ordre de choses ; il a péri ; il a satisfait en mourant à cette Révolution qu'il avait échauffée et servie. Sa maison a été proscrite par cette République à laquelle il avait frayé la voie ; il a payé ainsi le prix de cette fausse popularité que son nom démentait et que la République désavouait.

Un exil commun réconcilia ses fils avec la race de nos rois. La Restauration les retrouva membres d'une même famille.

Trente ans après, replacé à la tête de la nation par une réaction démocratique, l'héritier du représentant de la première révolution n'a pu se maintenir sur son trône constitutionnel. La révolution, arborant encore une fois la réforme, avait cherché un drapeau dans ce palais de sinistre mémoire où s'étaient tramés tous les complots contre l'antique monarchie. Mais la réforme ne s'arrête point chez un peuple imprégné de passions démocratiques. Devenue une seconde fois républicaine, elle a repoussé le fils comme elle avait condamné le père ; elle n'a pu souffrir un emblème royal dans le chef même de cette famille qui deux fois s'était élevée contre la monarchie légitime, mais dont le nom témoignait d'une incompatibilité persistante avec la forme républicaine.

La révolution en est à ce point que, déclarée pure démocratie, elle ne veut pas plus de quasi-monarchie que de monarchie véritable.

Les princes d'Orléans ont été deux fois proscrits par la révolution. Cette dernière épreuve est convaincante ; la révolution a fait envers eux sa profession de foi.

Rejetés par elle, il ne leur reste qu'un abri : ils redeviennent Bourbons, quoi qu'ils en aient. Toute leur force révolutionnaire s'est évanouie ; ils ne retrouvent de force que dans le chef de leur maison. Ils n'appartiennent plus désormais à la révolution ; ils appartiennent à la monarchie, ou ils ne sont rien, ou ils se perdent dans l'obscurité et dans l'anéantissement de leur race. Où iraient-ils ? La République ne veut point d'eux ; le chef de leur maison les accepte : ils n'ont de refuge que là.

Ils ne sont rien par eux-mêmes ; mais ils sont beaucoup par adjonction au chef de leur race. Ils rentrent dans le tronc d'où ils sont sortis, ou ils ne sont qu'une branche retranchée et déshéritée du tronc.

La branche qui se rattache au tronc revit et reprend sa force et sa verdeur.

L'orléanisme n'était qu'un système bâtard, une fausse transaction entre la révolution et la monarchie, qui ne pouvait subsister entre deux que par leur antagonisme même. D'un côté les intérêts nouveaux faussement craintifs et faussement alarmés sous le drapeau de la révolution ; de l'autre, la monarchie avec ses droits légitimes, respectant tous les droits acquis, mais restaurant l'ordre immuable et inaliénable des sociétés humaines. La quasi-monarchie servait de contre-poids pour tenir en balance la révolution et la monarchie.

La révolution a décidé. En se délivrant de la quasi-monarchie, elle a simplifié la question ; en annulant le parti moyen de l'orléanisme, elle l'a forcé de se rejoindre à la monarchie.

XXXII

C'est alors que le césarisme s'est glissé et s'est offert pour reprendre ce rôle mitoyen que la quasi-monarchie avait laissé échapper entre la monarchie et la révolution. Mais son masque tombe ; il ne représente ni l'une ni l'autre des deux monarchies, ni le libéralisme révolutionnaire. Son origine ne rappelle que la violence des armes, la nécessité muette et obéissante, le matérialisme politique.

On l'adopte un moment comme terrain neutre, et il voudrait s'insinuer plus avant par cette voie subreptice. Mais les hommes de la pensée, à quelque parti qu'ils appartiennent, doivent le rejeter s'il se présente à un autre titre. Ce ne serait pour eux que le règne des hommes de la force brutale, également odieuse à tous ceux qui, dans un titre légitime ou même usurpé, cherchent un gouvernement civil, le seul qui convienne à la civilisation française et européenne.

En résultat, le césarisme est l'ennemi commun de la république et de la monarchie, des libertés publiques comme de l'autorité légitime.

Et le démocratisme, dégénéré en communisme, est l'ennemi de tout ordre social.

La quasi-monarchie elle-même, manquant de base, ne peut nous offrir que les coups d'État, une répression incessante, ou l'anarchie succédant à l'usurpation.

Que la quasi-monarchie soit ramenée au droit d'où elle a dévié, le terrain neutre du césarisme et sa fausse transaction n'ont plus d'objet. Le socialisme redevient impuissant et le césarisme expire.

XXXIII

Renouons donc la trame à demi-brisée de notre droit public. Étouffons l'esprit de faction qui est le venin du vrai patriotisme. Retournons à ces sources vives et primordiales où la nation puisa si longtemps la prospérité, la richesse et la gloire. Souvenons-nous que nous sommes Français, c'est-à-dire libres. Nous n'avons jamais reconnu qu'une monarchie héréditaire ; la violation de ce droit monarchique anéantit tous les autres droits, la propriété, la succession du nom et du patrimoine, la solidarité des familles qui fonde la morale privée et garantit la paix publique.

L'esprit de faction s'éteint en France. Nous en avons un signe certain. Déjà l'on discute sans animosité, sans aigreur. Les hommes d'élite dans les divers partis se rapprochent, s'entendent, s'éclairent et sentent enfin que là réconciliation de la France avec elle-même et avec l'Europe, dépend d'une seule clause, et la plus facile de toutes : rentrer dans les conditions de son droit public.

Il est un homme qui s'est peut-être égaré dans quelques paradoxes religieux et sociaux, mais qui souvent aussi a vu avec le regard de l'aigle la marche des révolutions, la course qu'elles se tracent, la fin qu'elles se préparent et où elles aboutissent à leur insu dans les voies où la Providence les conduit.

« Le retour à l'ordre, dit Joseph de Maistre, ne peut être douloureux parce qu'il sera favorisé par une force secrète dont l'action est toute créatrice. On verra précisément le contraire de tout ce qu'on a vu. Au lieu de ces commotions violentes, de ces déchirements douloureux, de ces oscillations perpétuelles et désespérantes, une certaine stabilité, un repos indéfinissable, un bien-aise universel, annonceront la présence de la souveraineté. »

Le césarisme ne serait qu'un nouveau leurre et une déception, un accommodement pour la lâcheté, un faux-fuyant pour les partisans d'une monarchie bâtarde, une puissance hétérodoxe mal assise sur le caprice de quelques chefs obscurs de légions, qui ne nous préserverait de rien et ne remplacerait rien. Où est la monarchie, là est le salut ; où est la légitimité, là est le monarque ; hors de là, il n'y a qu'incertitude et palliatifs, oscillations perpétuelles du despotisme à l'anarchie, et enfin l'abîme, si toutefois l'Europe elle-même n'est point trop malade pour que l'invasion étrangère vienne le combler. L'invasion de l'étranger ! suprême ressource des États qui n'ont plus de vie en eux-mêmes, et qui se reposent dans la

mort, ce dernier repos préférable à une existence toujours tour-
mentée et inquiète.

XXXIV

DERNIÈRE PHASE.

La politique du césarisme s'est transformée. Il n'est plus question,
dit-on, des acclamations militaires ni d'un empire installé par des
prétoriens. La *prorogation des pouvoirs* est octroyée par les formes
constitutionnelles ou par un suffrage populaire. La milice n'intronise
plus César ; c'est la représentation nationale, c'est la nation elle-
même qui proclame pacifiquement son nouveau chef. Il n'y a donc
pas lieu au césarisme.

Oui ; mais si toutes les choses humaines, comme nous l'avons vu,
se ressentent de leur origine et dépendent de leur principe, la cons-
titutionnalité prétendue du nouveau César ne serait encore qu'une
fiction. En réalité, c'est la force des armes que son nom rappelle et
que son pouvoir installe. C'est encore le règne de la force. *Jacta alea
est.*

La force des armes, qui lui est nécessaire pour se maintenir, devient inévitablement son principe, puisqu'il n'en a point en lui-
même.

Et comme le césarisme ne peut s'établir en France d'une manière
durable, par les raisons que nous venons de développer, comme le
césarisme n'a point d'antécédent réel ni fictif dans le gouvernement
primordial de la France, comme il ne serait lui-même que la surprise d'une faction, ce n'est plus l'ère des Césars qui nous menace,
c'est l'ÈRE DES PISISTRATIDES.

Et parce que le corps social est trop affaibli pour supporter des
remèdes violents, cette époque nécessairement transitoire ne serait
pas suivie de la résurrection des lois de Solon ; je veux dire, du réta-
blissement de la vraie monarchie. Un trop long intervalle se serait
écoulé, il n'y aurait plus moyen, cette fois, de renouer la chaîne de

notre droit public interrompu. Tout droit serait éteint si, dans le pacte de neutralité où nous respirons, nous laissions échapper le seul moment que la Providence accorde à la monarchie pour revivre.

Ce fut une immense imprévoyance de tous les partis d'ordre que de réchauffer le germe d'une dynastie éphémère.

XXXV

Il y a en effet une grande différence à noter entre l'ère des Césars et l'ÈRE DES PISISTRATIDES.

La première puisait sa force dans la discipline romaine, laquelle avait en elle-même sa sanction, ses rites consacrés, son gouvernement, qui la fit survivre à la ruine de la République.

C'est dans cette force mystérieuse, à laquelle les Césars présidaient, que leur pouvoir, usurpé sur le sénat et le peuple romain, prit sa source et se perpétua.

Ce fut une nouvelle république née de la première ; ce fut la république militaire.

Il y avait donc en quelque sorte un droit public, une force de transmission, un ciment politique, dans le césarisme enté sur les rites sacrés de la milice romaine, laquelle institua le premier César dans ses PRINCIPIA, qui étaient le sanctuaire des légions païennes.

Mais si le gouvernement de la France a toujours été un gouvernement civil ; si la milice française, variable dans sa forme, n'a jamais eu une constitution qui lui fût propre, mais un régime subordonné à l'autorité civile et à la monarchie, et toujours dépendant de celle-ci ; une puissance fondée en France sur l'usurpation est donc essentiellement temporaire, et n'a point plus de racines dans la milice que dans l'État ; la milice n'y ayant pas fait, comme dans l'empire romain, une partie de la constitution même.

Nous ne pouvons donc avoir en aucun cas l'ère des Césars, cette ère qui domina l'empire romain durant plusieurs siècles, toujours sujette au caprice des légions ; mais se perpétuant dans la force intime et religieuse de la constitution militaire romaine.

Mais nous pourrions avoir l'Ère des Pisistratides n'ayant de racines ni dans le gouvernement civil aboli, ni dans le gouvernement militaire qui n'exista jamais en France à ce titre.

Ère bien passagère, règne brièvement transitoire du parti de l'étranger.

Après cela, nul moyen de rétablir le droit public de la France;

Donc, la dissolution ;

Puis... *Di omen avertant!*

Il ne resterait plus à Kosciusko qu'à rejeter au loin son épée, en s'écriant : FINIS POLONIÆ.

Il nous reste six mois pour y pourvoir.